The Twelve Iranian Festivals

Sepehr Sadeghi
&
Parinaz Zhandy

Translation:
Sepehr Sadeghi

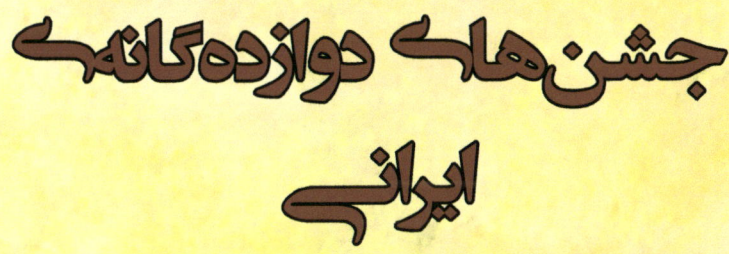

جشن‌های دوازده‌گانه‌ی ایرانی

نویسندگان
پریناز ژندی - سپهر صادقی

مترجم:
سپهر صادقی

Kidsocado International Publishing

Serial Number: H2546250289
Title (English): The Twelve Iranian Festivals
Title (Persian): جشن‌های دوازده‌گانه ایرانی
Authors: Parinaz Zhandy & Sepehr Sadeghi
Illustration & Drawings: Hanieh Tam
Translation: Sepehr Sadeghi
Editor (Persian): Parinaz Zhandy & Dr. Ahmad Shahabi
Editor (English): Dr. Sara Saeed
Layout & Design: Mehri Saffari
ISBN: 978-1-77892-312-8
Metadata Category: Cultural Celebration
Format: Paperback, Royal
Pages: 76
Publication Date: December 2025
Publisher: Kidsocado Publishing House

Copyright © 2026 By Kidsocado Publishing House
All Rights Reserved, including the right of reproduction in whole or in part in any form.

Kidsocado Publishing House
Vancouver, Canada

Phone: +1 (236) 333-7248
WhatsApp: +1 (236) 333-7248
Email: info@kidsocado.com
Website: https://kidsocado.com
Address: 2100-1055 West Georgia St,
Vancouver, BC V6E 3P3, Canada

Dedicated to
Sedi and Amir,
my parents;
who taught me how to love
and inspired my passion
for learning.

تقدیم به مادر و پدرم
که به من عشق ورزیدن آموختند و
مرا به یاد گرفتن تشویق کردند.

دیباچه

در اندیشه‌ی ایرانیان باستان هدف از آفرینش انسان، رواج نیکی در سراسر کائنات است؛ بنابراین مهم‌ترین وظیفه‌ای که به انسان محول شده، آن است که برای تأمین آرامش، نشاط و تندرستی خود و دیگر موجودات در دنیا همواره در تلاش باشد. در فرهنگ ایران باستان، جهان کنونی یک گذرگاه است و ما انسان‌ها باید از این گذرگاه عبور کنیم تا به جهان ابدیت برسیم. از آنجا که در این گذرگاه انواع نیروهای اهریمنی از جمله خشم، نفرت، بدبینی و زیاده‌خواهی در کمین ما نشسته‌اند، وظیفه‌ی ما جنگ و پیکار با این نیروها است.

جشن‌های ایران باستان از مهم‌ترین راه‌های شناخت فرهنگ ایرانیان در زمان‌های دور هستند. بعضی از این جشن‌ها در این زمان نیز باشکوه تمام برگزار می‌شوند و نام برخی از آن‌ها امروزه در فهرست میراث معنوی ایران در یونسکو به ثبت رسیده است.

در گاه‌شماری‌های گوناگون ایرانی، علاوه بر این که ماه‌ها نام داشتند، هر‌یک از روزهای ماه نیز یک نام داشتند. برای نمونه، روز نخست هر ماه «روز اورمزد»، روز دوم هر ماه، روز بهمن (سلامت، اندیشه) که نخستین صفت خداوند است، روز سوم هر ماه، اردیبهشت یعنی «بهترین راستی و پاکی» که باز از صفات خداوند است، روز چهارم هر ماه، شهریور یعنی «شاهی و فرمانروایی آرمانی» که خاص خداوند است و روز پنجم هر ماه، «سپندارمزد» بوده‌است، جشن‌های دوازده‌گانه‌ی ایرانی بر اساس انطباق روز و ماه بر هم پایه‌ریزی شده بود.

Preface

In the worldview of ancient Iranians, the purpose of human creation beings was to spread goodness throughout the universe. Because of this, the most important responsibility given to human beings was to constantly strive to bring peace, joy, and well-being to themselves and to all other living creatures.

In ancient Iranian culture, this world was seen as a passageway, a temporary stage through which we must pass before reaching the eternal world. Along this path, forces of evil such as anger, hatred, pessimism, and greed wait in ambush, and it is our duty to resist and overcome them.

The ancient Iranian festivals are among the most meaningful ways to understand the beliefs and culture of Iranians in the distant past. Some of these celebrations are still held today with great beauty, and several of them have been recognized by UNESCO as part of Iran's intangible cultural heritage.

In the various traditional Iranian calendars, not only did the months have names, but each day of the month also carried a name of its own. For example, the first day of every month was Ohrmazd Day; the second day was Bahman Day (meaning health and good thought, the first attribute of God); the third day was Ordibehesht (the best truth and purity); the fourth day was Shahrivar (ideal and just kingship); and the fifth day was Sepandarmaz.

The Twelve Ancient Iranian Festivals were established based on the alignment of the name of the day with the name of the month.

جدول زیر نمایشگر دقیق انطباق روزها و ماه‌ها در هریک از این جشن‌هاست.

	نام ماه	تاریخ روز و نام روز	نام جشن
۱	فروردین	روز نوزدهم، روز فروردین	جشن فروردگان
۲	اردیبهشت	روز سوم، روز اردیبهشت	جشن اردیبهشتگان
۳	خرداد	روز ششم، روز خرداد	جشن خردادگان
۴	تیر	روز سیزدهم، روز تیر	جشن تیرگان
۵	امرداد	روز هفتم، روز امرداد	جشن امردادگان
۶	شهریور	روز چهارم، روز شهریور	جشن شهریورگان
۷	مهر	روز شانزدهم، روز مهر	جشن مهرگان
۸	آبان	روز دهم، روز آبان	جشن آبانگان
۹	آذر	روز نهم، روز آذر	جشن آذرگان
۱۰	دی	روز یکم، روز هرمزد	خرم روز
۱۱	بهمن	روز دوم، روز بهمن	جشن بهمنگان
۱۲	اسفند	روز پنجم، روز سپندارمذ	جشن اسفندگان

The table below shows exactly how the names of the days and months align in each of these festivals.

	Month Name	Day & Day Name	**Festival Name**
1	Farvardin	19th day, Day of Farvardin	Festival of Farvardegān
2	Ordibehesht	3rd day, Day of Ordibehesht	Festival of Ordibeheshtgān
3	Khordād	6th day, Day of Khordād	Festival of Khordādgān
4	Tir	13th day, Day of Tir	Festival of Tirgān
5	Amordād	7th day, Day of Amordād	Festival of Amordādgān
6	Shahrivar	4th day, Day of Shahrivar	Festival of Shahrivargān
7	Mehr	16th day, Day of Mehr	Festival of Mehrgān
8	Ābān	10th day, Day of Ābān	Festival of Ābāngān
9	Āzar	9th day, Day of Āzar	Festival of Āzargān
10	Day	1st day, Day of Hormozd	Khoram Ruz (Day of Joy)
11	Bahman	2nd day, Day of Bahman	Festival of Bahmangān
12	Esfand	5th day, Day of Sepandārmaz	Festival of Esfandegān

درآمد

با درودی به گرمای شعله‌های بی‌قرار آتشکده‌های یزد و بلندای قله‌ی دماوند و به وسعت دریای کاسپین؛ به‌عنوان آموزگارِ پژوهشگری که سال‌ها بیرون از سرزمین مادری به کودکان و نوجوانان ایرانی‌تبار، زبان پارسی و فرهنگ ایرانی را آموزش می‌دهم، بر این باورم که نسل امروز، خواه فارسی‌زبان و خواه از ملیت‌های دیگر، نیازمند دسترسی به منابعی است که ایرانِ فرهنگی را از زاویه‌ای علمی، آسان و قابل‌درک به همه معرفی کند.

نسلی که امروز قد برافراشته است، سزاوار آن است که با میراثی آشنا شود که ریشه‌های هویتی ما را در طول قرن‌ها زنده نگه داشته است.

کتاب دوزبانه‌ی «جشن‌های دوازده‌گانه‌ی ایرانی» را به دلیل اشتیاق فراوانِ دانش‌آموز عزیزم، سپهر صادقی، با همراهی و هم‌گامی بی‌نظیر او فراهم آوردیم. این کتاب، با نقاشی‌های شاد و زنده‌ی هنرمند ارجمند، سرکار خانم هانیه تام، کوششی است برای آن که کودکان و نوجوانان بتوانند با آیین و جشن‌های کهن ایران زمین پیوندی گرم‌تر و عمیق‌تر برقرار کنند و چرایی، فلسفه و زیبایی هر جشن را روشن‌تر بشناسند.

در این اثر تلاش کرده‌ایم میان روایت‌های باستانی و نگاه پژوهش‌محور امروز پُلی استوار بسازیم. نگارش همه‌ی بخش‌ها با بهره‌گیری از منابع معتبر علمی انجام شده تا نسل جوان بتواند با نگاهی درست، سنجیده و آگاهانه، به میراثی نزدیک شود که قرن‌ها خرد، اصالت و معنای فرهنگ ایرانی را شکل داده است. امیدمان آن است که این کتاب برای خانواده‌های ایرانی در هر نقطه از جهان، چراغی هر چند کوچک اما پُرنور باشد که علاقمندان را در شناخت فرهنگ اصیل ایرانی همراهی کند و در دل جهان چندفرهنگی امروز، برای ایرانیان حسِ تعلق، آرامش و افتخار بیافریند.

با سپاس و قدردانی از حمایت بی‌دریغ و هدایت دانش‌محور استاد ارجمند، جناب آقای دکتر احمد شهابی، که با نگاه ژرف‌نگرانه در فرآیند ویرایش این کتاب، نقشی اثرگذار و ماندگار برجای گذاشتند. بی‌تردید دقت نظر، دانش وسیع و همراهی ایشان، این اثر را استوارتر و پرمایه‌تر ساخته است.

سپاس ویژه از حمایت و یاری بی‌نظیر انتشارات کیدزوکادو که بدون تلاش این مجموعه، چنین اثری به‌راحتی خلق نمی‌شد.

پری‌ناز ژندی

Introduction

With greetings as warm as the restless flames of the Yazd fire temples, as lofty as Mount Damavand, and as vast as the Caspian Sea.

As an educator and researcher who has spent many years outside the homeland teaching the Persian language and Iranian culture to children and teenagers of Iranian heritage, I believe that today's generation, whether Persian-speaking or from other backgrounds, needs access to resources that present the cultural heritage of Iran through a scientific, clear, and accessible lens.

The generation rising today deserves to become familiar with the heritage that has preserved the roots of our identity across centuries.

The bilingual book "The Twelve Iranian Festivals" was created thanks to the deep enthusiasm of my student, Sepehr Sadeghi, whose remarkable dedication accompanied every step of this work. Enriched with lively and colorful illustrations by the esteemed artist Hanieh Tam, this book is an effort to help children and teenagers build a warmer and deeper connection with the ancient ancient traditions and festivals of Iran, and to understand more clearly the philosophy behind each celebration.

In this work, we have tried to build a strong bridge between ancient narratives and today's research-based perspectives. Each section has been written using reputable academic sources so that young readers can approach this heritage with accuracy, discernment, and awareness, heritage that has shaped centuries of wisdom, authenticity, and meaning within Iranian culture.

Our hope is that this book will serve as a small yet bright light for Iranian families around the world, guiding them in understanding the richness of Iranian culture and offering them a sense of belonging, comfort, and pride in today's multicultural world.

With heartfelt appreciation for the unwavering support and scholarly guidance of Dr. Ahmad Shahabi, whose insightful perspective throughout the editing process left a meaningful impact on this work. His precision, expertise, and generous collaboration have undoubtedly made this book stronger and richer.

My sincere gratitude also goes to Kidsocado Publishing, whose exceptional support and partnership made the creation of this book possible.

Parinaz Zhandy

داستان خلق این اثر

زمان چه بی‌صدا از کنارمان عبور می‌کند. آن لحظه‌ی نخست، هنوز در گوشه‌ای از خاطرم آرام می‌تپد.

اولین روزی که پسری ده‌ساله، آرام و مؤدب، با چشمانی پر از شور و امید وارد کلاس شد؛ پسری که عاشق فوتبال بود و با وجود تمام دلبستگی‌های کودکی‌اش، دلش می‌خواست زبان و فرهنگ سرزمین مادری‌اش را فراموش نکند.

سپهر، متولد ایران، پیش از مهاجرت فارسی پایه‌ی اول را در وطن خوانده بود و از ده سالگی در کشور کانادا ادامه‌ی یادگیری فارسی را با من آغاز کرد. از همان روزهای نخست کلاس‌مان، برقی در چشمانش بود که به من می‌گفت این کودک فقط یک زبان نمی‌آموزد؛ او در جست‌وجوی ریشه‌هاست، در جست‌وجوی پیوندهایی که دلش را گرم نگه می‌دارند.

سال‌ها گذشت و امروز که در کلاس هشتم فارسی درس می‌خواند و نه سال از آشنایی‌مان می‌گذرد، آن کودک کوچک به نوجوانی آگاه، تلاشگر و بسیار علاقمند به فرهنگ و آیین ایرانی تبدیل شده است. گاه از خود می‌پرسم در کلاس چه گذشت که هر صفحه‌ای که با هم خواندیم، هر جمله‌ای که نوشتیم، هر گفت‌وگویی که درباره ایران و تاریخ و جشن‌ها داشتیم، رشته نامریی بود که او را محکم‌تر به فرهنگ ایرانی پیوند می‌زد.

اکنون در پایه هشتم فارسی، برای چندمین بار سپهر عزیزم مجری جشن‌های آموزشگاه بود، پس از اجرای موفق او در جشن مهرگان پیشنهاد کتاب «جشن‌های دوازده‌گانه ایران» برای سپهر عزیزم نقطه‌ی آغاز یک مسیر تازه شد. او با شوق پذیرفت، ما ساعت‌ها کنار هم نشستیم؛ خواندیم، مقایسه کردیم، تحقیق کردیم، نوشتیم و ترجمه کردیم. هر مطلبی را با دقت می‌پذیرفت و با هیجان درباره‌اش بحث می‌کرد. این کتاب، برای او تنها یک اثر ادبی نبود؛ پلی بود به سوی درک عمیق‌تری از میراثی که دوست داشت آن را به بهترین شکل بشناسد.

سپهر همیشه کوشا و پر انرژی است، او فقط در درس و فرهنگ نمی‌درخشد. او نوجوانی است که عاشق فوتبال است و سال‌ها تلاشش در این مسیر، نتیجه‌ای درخشان داشته است. دو بار به مقام قهرمانی استان BC دست یافته؛ دستاوردی که برای هر نوجوانی افتخاری بزرگ است و از دید آموزگاری چون من، نشانه‌ی پشتکار و عزم او در هر مسیری که قدم می‌گذارد.

پری‌ناز ژندی

The Story Behind the Creation of This Work

Time moves quietly beside us, yet I still remember the moment a polite ten-year-old boy walked into my classroom, bright-eyed, hopeful, and deeply connected to the language and culture of his homeland. Sepehr, born in Iran, had completed first grade before immigrating. At age ten, he continued his Persian studies with me in Canada, and from the very beginning, there was a spark in his eyes. He wasn't just learning a language; he was searching for roots and belonging.

Years passed, and that little boy grew into a thoughtful, hardworking teenager in Grade 8, still deeply tied to Iranian heritage. In our classes, every story, every discussion, every page about Iran seemed to draw him closer to the culture he cherished.

During the Mehrgān celebration in Grade 8, after his successful presentation, I suggested he explore The Twelve Iranian Festivals. That simple suggestion became the start of a meaningful journey. Together we read, compared, researched, wrote, and translated. For Sepehr, this book wasn't just an assignment, it became a bridge to understanding the traditions he longed to know.

Sepehr approaches everything with energy and discipline. Beyond his academic strength and cultural passion, he has also excelled in soccer, winning the British Columbia championship twice, an achievement reflecting his dedication both on and off the field.

Looking back on the years we've shared, my heart is filled with joy. Sepehr is not just a student; he is a dear young friend. Watching his growth in Persian language and literature has reminded me, day after day, what it truly means to teach, witnessing a new generation embrace the culture and heritage of their homeland with sincere love.

Parinaz Zhandy

سخن آغازین

جشن‌های دوازده‌گانه‌ی ایرانی صدای ماندگار تمدنی کهن از اعماق تاریخ است، آیین‌هایی که گذر پر شتاب زمان را تاب آورده‌اند و همچنان در ذهن و روح ایرانیان نسل‌اندرنسل باقی‌مانده‌است.

یک سال کامل در گاه‌شماری ایرانی از دوازده ماه با نام‌های پارسی تشکیل می‌شود. این اسامی در تقویم با روزهای ماه نیز مشترک‌اند. به‌عنوان نمونه، «فروردین» که نخستین ماه سال است، نام نوزدهمین روز هر ماه نیز به شمار می‌آید. در روزگاران کهن، هرگاه نام روز و ماه بر یکدیگر منطبق می‌شد، ایرانیان آن روز را گرامی می‌داشتند و جشن می‌گرفتند.

این جشن‌های دوازده‌گانه، کارکردی ارزشمند در جامعه‌ی ایرانیان باستان داشتند، این مراسم به عنوان یک آیین اجتماعی برای تقویت همبستگی، ایجاد نشاط جمعی و تجدید نیرو محسوب می‌شدند. مرد و زن ایرانی با سرور، پایکوبی، بازی‌های گروهی و افروختن آتش، رنج و فرسودگی روزمره را از خود دور کرده و توان و نشاطی تازه برای ادامه‌ی کار و زندگی می‌یافتند.

هدف از نگارش این مجموعه، معرفی و شناخت آیین‌های درخشان ایرانی است که نه‌تنها در میان فارسی‌زبانان سراسر جهان زنده نگه داشته می‌شود، بلکه شایسته است در میان دیگر فرهنگ‌ها نیز شناسانده شود. جالب آنکه هر یک از این جشن‌ها، بر پایه‌ی نگرشی انسان‌دوستانه و طبیعت‌محور شکل گرفته‌اند؛ نگرشی که به عناصر بنیادین: آب، خاک، آتش و گیاه روح و معنا می‌بخشد. در دنیای امروز، فقدان برخی از این آیین‌ها که پیوند انسان با طبیعت و جامعه را استحکام می‌بخشیدند، به‌روشنی احساس می‌شود. چنین میراث معنوی از نیاکان ما می‌تواند همچنان الهام‌بخش و راهگشای انسان معاصر باشد.

در پایان، باید از خانم دکتر سارا سعید، که در فرصتی کوتاه، با صبوری و دقت، ویرایش بخش انگلیسی این کتاب را بر عهده گرفتند، صمیمانه قدردانی کنم. ایشان همواره در مسیر یادگیری و رشد، پشتیبان و مشوّق من بوده‌اند و همراهی پر مهر و الهام‌بخش‌شان تنها به این اثر محدود نمی‌شود.

سپهر صادقی

Foreword

The Twelve Ancient Iranian Festivals are part of a very old tradition that has lived on through centuries. Even though so much time has passed, these celebrations are still alive among Iranians, passed down from one generation to the next, and they're still part of who we are.

In the Iranian calendar, we have twelve months, each with a Persian name. Certain days in every month share the same names as the months. For example, Farvardin is the first month of the year, and the nineteenth day of every month is also called Farvardin. In ancient times, whenever the name of the month and the day matched, people celebrated that day with joy.

These twelve festivals had an important role in ancient Iranian society. They were social rituals that helped strengthen unity, create a sense of joy, and give people new energy. Through music, dancing, group games, and lighting fires, men and women let go of their everyday stress and found the strength to continue their work and life.

My goal in writing this book is to introduce these beautiful traditions, not only to Persian speakers around the world, but also to anyone who wants to learn about them. Each of these celebrations was based on a human-centered and nature-centered way of thinking, giving meaning to the elements of water, earth, fire, and plants. In today's world, the absence of some of these traditions is truly felt, because they once helped people stay connected to nature and to each other. I believe this ancient heritage can still inspire and guide us today.

In the end, I would like to warmly thank Dr. Sara Saeed, who took on the editing of the English section of this book with patience and precision despite the short time available. Her support and encouragement have always been with me on my path of learning and growth, and her kindness and inspiration go far beyond this project.

Sepehr Sadeghi

The Festival of Farvardingān

جشن فروردینگان

فروردینگان

جشن فَرَوَردینگان (یا فروردگان، گاه به‌اختصار فَردُوگان) یکی از کهن‌ترین جشن‌های ایرانی است که ریشه در باورهای زرتشتی و سنت‌های ایران باستان دارد.

جدول زمانی این جشن در سرزمین ایران به پیش از دوران هخامنشی یعنی به دوران ماد برمی‌گردد.

در تقویم باستانی، این جشن از ۲۶ اسفند تا ۵ فروردین به مدت ده روز برگزار می‌شد.

ریشه‌ی نام فروردین به: واژه‌ی «فَرَوَهر / فَرَوَرد» می‌رسد که در اوستا به معنای روان یا نیروی نگهبان انسان است که پس از مرگ به جهان مینوی بازمی‌گردد.

برگزاری آیین فروردینگان برای یادکرد درگذشتگان و یاری طلبیدن از ارواح پاک و آزاد آنان بود. این مراسم با افروختن آتش در آتشدان که با سوختن چوب خوش‌بوی صندل و نثار کردن انواع خوراک‌های لذیذ همراه بوده است، ایرانیان باستان باور داشتند که در این ده روز، فَرَوَهرهای درگذشتگان به زمین بازمی‌گردند تا دیداری دوباره با بازماندگان داشته باشند. به همین سبب خانه‌هایشان را می‌آراستند تا پذیرای روان درگذشتگان عزیزشان باشند، آنان انواع خوراکی، گل و عطر آماده می‌کردند و بر سر سفره می‌نهادند و به رقص و شادی می‌پرداختند. از طرفی به زیارت آرامگاه‌ها می‌رفتند و نیایش می‌کردند. نیکوکاری، بخشش و دستگیریِ نیازمندان از مهم‌ترین آداب این جشن به‌شمار می‌رفت.

این آیین در میان زرتشتیان ایران در شهرهای یزد و کرمان همچنان زنده مانده است، و خانه‌تکانی نوروزی ایرانیان و رفتن بر سر مزار عزیزان که در گذشته رخ می‌داد ریشه در آیین جشن فروردینگان دارد.

Farvardingān

The Farvardingān Festival (also called Farvardagān, or sometimes shortened to Fardogān) is one of the oldest Iranian celebrations. Its roots go back to Zoroastrian beliefs and the ancient traditions of Iran. The history of this festival goes all the way back to before the Achaemenid Empire, to the time of the Medes.

In the ancient calendar, this festival lasted for ten days, from the 26th of Esfand to the 5th of Farvardin.

The name Farvardin comes from the word Fravahr or Fravard, which in the Avesta means the "spirit" or "guardian force" of a person, something that returns to the spiritual world after death.

Farvardingān was held to remember the dead and to ask for the support and blessing of pure, free spirits. People lit fires in fire-holders, using sweet-smelling woods like sandalwood, and offered delicious foods. Ancient Iranians believed that during these ten days, the Fravahars of their loved ones returned to earth to visit their families. Because of this, they decorated their homes to welcome the spirits of their beloved departed. They prepared different foods, flowers, and perfumes, set them out on a ceremonial spread, and celebrated with dancing and happiness. They also visited cemeteries to pray. Kindness, charity, and helping those in need were important parts of this festival.

This tradition has remained alive among Zoroastrians, especially in the cities of Yazd and Kerman. The customs of spring cleaning before Nowruz, as well as the old practice of visiting the graves of loved ones, both have their root in the Farvardingān festival.

The Festival of Ordibeheshtegān

جشن اردیبهشتگان

اَردیبهشتگان

در منابع اوستایی، «اَردیبهشت» دومین امشاسپند و نگهبان جهانی است که با راستی، نظم هستی و پاکی در پیوند قرار دارد. این نام از نظر واژه‌شناسی در اوستا «اشه‌وهیشته» یا «ارته‌وهیشته» می‌باشد. جزء اول «اشه» یا «ارته» به معنی درستی و راستی و نظم و جزء دوم: «هیشته» صفت عالی است به معنی بهترین؛ پس روی هم به معنی بهترین راستی یا بهترین نظم و قانون است.

«اردیبهشتگان» یا «گُلِستان‌جشن» دومین جشن از آیین‌های دوازده‌گانه‌ی ایران باستان است و در شمار جشن‌های وابسته به عنصر آتش قرار می‌گیرد. آتش در اندیشه‌ی ایرانی نماد داد، راستی، پاکی و نظم بود و به همین دلیل، این جشن پیوندی ژرف با مفهوم روشنایی و حقیقت داشت.

سومین روز هر ماه در گاه‌شماری کهن «اردیبهشت» نامیده می‌شد و با تطبیق تقویم باستانی با گاه‌شمار خورشیدی، این آیین امروز برابر با دوم اردیبهشت‌ماه است.

در سده‌های گذشته، مردم در این روز با برتن کردن جامه‌های سپید، که نشانه‌ی پاکیزگی و تقدس است، به آتشکده‌ها و نیایشگاه‌ها می‌رفتند و خواسته‌های خود را با شاه یا مسئولان وقت مطرح می‌ساختند. همزمانی جشن اردیبهشتگان با شکوفایی گل‌ها در بسیاری از مناطق ایران، این آیین را به «جشن گل‌ها» بدل کرده است. جالب آن‌که در هلند نیز جشن گل‌ها تقریباً در همان زمان برگزار می‌شود و این تقارن، اهمیت و جهانی‌بودن توجه به نیروی رویشی طبیعت را یادآور می‌شود.

این جشن جلوه‌ای از نگاه ژرف ایرانیان به پیوند میان نظم کیهانی، پاکی اخلاقی و نیروهای طبیعت است؛ نگاهی که می‌تواند برای خواننده‌ی امروز نیز الهام‌بخش و معناآفرین باشد.

Ordibeheshtegān

In the Avesta, Ardibehesht is the second Ameshāspand, a guardian spirit connected to truth, order in the universe, and purity. Etymologically, its Avestan form is Asha Vahishta or Arta Vahishta. The first part, Asha or Arta, means truth, righteousness, and cosmic order. The second part, Vahishta, is a superlative that means "the best." Together, the name means "the best truth" or "the best order and law."

Ordibeheshtgān, also known as the Golestān-Jashn, the "Festival of Flowers", is the second celebration in the series of the Twelve Ancient Iranian Festivals. It belongs to the festivals connected to the element of fire. In ancient Iranian thought, fire symbolized justice, Purity and order. Because of this, the festival has a deep connection to light and the idea of truth.

In the old calendar, the third day of every month was called Ordibehesht. After aligning the ancient calendar with the solar calendar, this festival now corresponds to the 2nd of Ordibehesht in today's calendar.

In past centuries, people celebrated this day by wearing white clothing as a sign of purity and holiness. They visited fire temples and places of worship, and they presented their requests or wishes to the king or local leaders. Because this festival took place at the same time that many flowers bloomed across Iran, it eventually became known as the "Festival of Flowers." Interestingly, in the Netherlands a similar flower festival is held around the same time of year, which reminds us how universal the celebration of nature's growth and beauty is.

Ordibeheshtgān shows the deep way ancient Iranians connected cosmic order, moral purity, and the forces of nature, an outlook that can still inspire and hold meaning for readers today.

The Festival of Khordādgān

جشن خردادگان

خردادگان

«خُرداد» نام روز ششم هر ماه در گاه‌شماری ایرانی است و در روز «خرداد» از ماه خرداد، هنگام برابر شدن نام ماه و روز، ایرانیان جشن «خُردادگان» را برپا می‌داشتند. در روایت‌های ملی، از جمله در شاهنامه فردوسی آمده است که فریدون این روز را روزی فرخنده دانست و با سپاهیان بسیار رهسپار نبرد با ضحاک شد؛ اشاره‌ای که پیشینه‌ی اسطوره‌ای و میمنت این روز را برجسته می‌کند.

در جهان‌بینی اوستایی، «خرداد» (هَئوروتات) بانوی امشاسپندی است که نگهبانی از آب‌ها به عنوان عنصر حیات‌بخش و مقدس به او سپرده شده است. خرداد نگهبان تندرستی و کمال، رساننده‌ی آب به تشنگان و پاسدار پاکی آب‌هاست. از همین رو در سنت ایرانی، هنگام نوشیدن آب، از آن به نیکی یاد می‌شده است.

گل سوسن نماد جشن خردادگان است؛ گلی که در متون کهن، بوی آن به «بوی دوستی» و پیوندهای مهرورزانه تشبیه شده است. از جمله برجسته‌ترین آیین‌های این جشن می‌توان به رفتن به سرچشمه‌ها، کنار دریاها و رودها، تن‌شویی در آب، آب‌بازی جوانان، و سپس خواندن نیایش‌های ویژه همراه با شادی، رقص و سرور در جمع خانواده و دوستان اشاره کرد. این آیین‌ها جلوه‌ای از پیوند انسان با آب، پاکی، جوانی و کمال در فرهنگ ایرانی هستند.

ایرانیان باستان باور داشتند که خرداد در پاسداری از نظم و تعادل جهان نقشی بنیادی دارد. جشن خردادگان برای آنان فرصتی بود تا به این ایزدبانوی حیات و کمال، ادای احترام کنند و از او برای بارش باران، فراوانی آب‌ها، حاصلخیزی زمین و برکت زندگی یاری بجویند. این جشن، همچون دیگر آیین‌های کهن، بازتابی از نگرش ژرف ایرانیان به هماهنگی میان عناصر طبیعت و سلامت و آبادانیِ جهانِ انسانی است.

Khordādgān

Khordād is the name of the sixth day of every month in the Iranian calendar. When the name of the month and the day matched, Khordād day in the month of Khordād, ancient Iranians celebrated the festival called Khordādgān. In national stories, including Ferdowsi's Shāhnāmeh, it is said that on this blessed day, Fereydun gathered a large army and went to fight Zahhāk. This shows the ancient, mythical importance of the day.

In the worldview of the Avesta, Khordād (Haurvatāt) is a female Ameshāspand, the guardian of waters, the pure and life-giving element of the world. Khordād protects health and wholeness, brings water to the thirsty, and watches over the cleanliness and purity of all waters. Because of this, in Iranian tradition, people remembered her with kindness whenever they drank water.

The lily flower is the symbol of the Khordādgān Festival. In ancient writings, the scent of the lily is compared to the "scent of friendship" and loving connections. Some of the most important customs of this festival included going to springs, rivers, and the seaside, washing in water, young people playing water games, and then reading special prayers while celebrating with dance, joy, and family gatherings. All these traditions reflect the strong connection between humans and water, symbolizing purity, youth, and completeness in Iranian culture.

Ancient Iranians believed that Khordād played an essential role in keeping the world's balance and harmony. For them, the Khordādgān Festival was a time to honor this goddess of life and perfection, and to ask for her help in bringing rain, increasing water supplies, making the land fertile, and blessing their lives. Like many other ancient celebrations, this festival shows the deep way Iranians connected the elements of nature with health, balance, and the well-being of the human world.

The Festival of Tirgān

جشن تیرگان

تیرگان

«تیرگان» جشنی کهن در بزرگداشت ایزدی به نام «تیشتر» است که در پیروزی بر خشکی و آوردن باران نقش‌آفرینی می‌کند. این جشن در «تیرروز» از ماه «تیر» برابر با سیزدهم تیر در گاه‌شمار خورشیدی برگزار می‌شود.

در روایت‌های اسطوره‌ای ایران، تیرگان با داستان نامدار آرش کمانگیر گره خورده است؛ پهلوانی که تیر خود را از فراز البرز رها کرد و با جان‌فشانی، مرز میان ایران و توران را تعیین نمود. علاوه بر این، در برخی منابع، این روز به پاسداشت جایگاه نویسندگان و دبیران در ایران باستان نیز نسبت داده شده است.

یکی از آیین‌های شناخته‌شده تیرگان «تیر و باد» است. در آغاز جشن، پس از خوردن شیرینی، جوانان بندی از هفت ریسمانِ رنگارنگ بر دست می‌بندند. نُه روز بعد، در «بادروز»، این بند را می‌گشایند و بر بام یا بلندی می‌سپارند تا باد، آرزوها و خواسته‌های آنان را با خود ببرد. این رسم معمولاً با زمزمه‌ی ترانه‌ای آیینی همراه است:

تیر برو، باد بیا	غم برو، شادی بیا
محنت برو، روزی بیا	خوشه مرواری بیا

آیین دیگرِ این جشن، آب‌پاشی است؛ رسمی نمادین که بیانگر آرزوی باران، فراوانی آب و پایان خشکسالی در سال پیش روست.

تیرگان بازتابی است از پیوند میان اسطوره، طبیعت و نیازهای حیاتی جامعه‌ی کشاورزان و دامداران ایران باستان؛ جشنی که نقش آب، باران و باروری را در زندگی ایرانیان یادآوری می‌کند.

Tirgān

Tirgān is an ancient Iranian festival held in honor of Tishter, the rain-bringing angel (Yazata) who fights against drought and brings rain. This celebration takes place on Tir day of the month of Tir, which matches the 13th of Tir in today's solar calendar.

In Iranian mythology, Tirgān is closely connected to the famous story of Arash the Archer, the hero who shot his arrow from the mountains of Alborz and, by giving his life, set the border between Iran and Turan. In some historical sources, this day is also associated with honoring writers and scribes in ancient Iran.

One of the well-known traditions of Tirgān is "Tir o Bād" (Arrow and Wind). At the start of the festival, after eating sweets, young people tie a band made of seven colorful strings around their wrists. Nine days later, on Bād-rooz (the Day of Wind), they untie the band and place it on a rooftop or a high place so the wind can carry their wishes and hopes away. This custom is usually accompanied by an old ritual song:

> Arrow go; O wind, come
>
> Sorrow go; joy, come
>
> Trouble, bye; good luck, hi
>
> Golden harvest, rise so high

Another tradition of this festival is water-splashing, a symbolic act that expresses the wish for rain, plentiful water, and the end of drought in the coming year.

Tirgān reflects the deep connection between mythology, nature, and the essential needs of ancient Iranian farming and herding communities. It is a reminder of how important water, rain, and fertility were in the life of ancient Iranians

The Festival of Amordādgān

جشن اَمردادگان

اَمردادگان

در ایران باستان هنگامی که پنجمین ماه سال یعنی اَمرداد با هفتمین روز از ماه به نام اَمرداد هم‌زمان می‌گشت جشنی به نام اَمردادگان برگزار می‌شد.

ریشه‌ی اَمِرِتات به مفهوم بی‌مرگی و جاودانگی بوده است. بر پایه‌ی اعتقادات ایرانیان باستان وظیفه‌ی اصلی فرشته‌ی امرداد نگهداری از جهان بوده و تلاش می‌کرده که تمامی بیماری‌ها و گرسنگی‌ها را از بین ببرد. در نهایت، مردم هم به پیروی از این فرشته، روز جشن امردادگان را به شادی و پایکوبی برگزار می‌کردند. هدیه دادن، آماده کردن غذاهای متنوع و پخت شیرینی‌های خوشمزه از دیگر آیین‌های جشن اَمردادگان است.

مسعود سعد سلمان شاعر پُرآوازه‌ی ایرانی در وصف این جشن چنین سروده:

روزِ مُرداد [اَمُرداد] مُژده داد بدان

که جهان شد به طبع، باز جوان

ابوریحان بیرونی نیز چنین نوشته است:

«اَمرداد فرشته‌ای است که به نگهداری جهان و آراستن غذاها و داروها که اصل آن از نباتات است و بر کنار کردن گرسنگی و زیان و بیماری‌ها می‌باشد، کارگزاری یافته‌است...»

پانوشت:

ماه اَمرداد و جشن اَمردادگان امروزه به نام مردادگان، در بین مردم رایج است. مرداد به معنی نیستی و مرگ است اما وقتی که حرف الف در اول آن قرار می‌گیرد آن را نفی می‌کند و به نامیرا بودن و جاودانگی، تغییر معنی می‌دهد. پس درست آن است که بجای مردادگان از واژه اَمردادگان استفاده شود.

Amordādgān

In ancient Iran, when the fifth month of the year, Amordād, matched the seventh day of the month, which was also called Amordād, people celebrated a festival known as Amordādgān.

The word Amordād (Ameretāt) comes from the concept of immortality and everlasting life. Based on ancient Iranian beliefs, the angel Amordād had the duty of protecting the world. She was believed to fight against sickness and hunger. Because of this, people celebrated the Amordādgān Festival with joy and dancing, following the example of this guardian angel. Giving gifts, preparing different foods, and baking delicious sweets were also important traditions of this celebration.

The famous Iranian poet Mas'ud Sa'd Salmān wrote about this festival:

> Mordād's day heralded good news:
>
> The world had grown young again in spirit.

Abu Rayhān Bīrūnī also described Amordād this way:

"Amordād is the angel responsible for protecting the world and preparing foods and medicines, most of which come from plants, and for removing hunger, harm, and illness."

Note:

Today, the month Amordād and the festival Amordādgān are commonly known as Mordād and Mordādgān.

However, mordād actually means death and mortality, while Amordād means not-mortal, that is, everlasting and immortal. The letter A at the beginning completely changes the meaning. So it is more accurate to use the word Amordādgān instead of Mordādgān.

The Festival of Shahrivargān

جشن شهریورگان

شهریورگان

از دیگر جشن‌های دوازده‌گانه‌ی ایران باستان، شهریورگان است که در روز «شهریور» از ماه «شهریور» برگزار می‌شد و بر اساس گاهشمار خورشیدی، با چهارم شهریور برابر بوده است.

در متون اوستایی، نام این امشاسپند به صورت خشَترَهوَئیریَه (Xšaθra Vairya) آمده است؛ واژه‌ای که از دو بخش تشکیل می‌شود:

- خشتره به‌معنای «فرمانروایی، قدرت و شهریاری» و وئیریه به‌معنای «برگزیده و شایسته».
- بنابراین، شهریور به‌معنای «شهریاریِ آرمانی و دادگرانه» است.

جشن شهریورگان در باور ایرانیان باستان، بیش و پیش از هر چیز یادآور ارزش‌های دادگری، سامان جامعه و پاکی در کردار بود. بر پایه‌ی اعتقادات آنان شهریور، پاسدار قدرتِ درست و سامان‌بخش بود و به همین سبب این روز را بسیار فرخنده می‌دانستند و در آن به ستایش عدالت، آبادانی و نیروهای سازنده می‌پرداختند.

از آیین شهریورگان می‌توان به:

- نیایش در آتشکده‌ها و افروختن آتش، به‌عنوان نماد «قدرت آمیخته با داد»،
- پاک‌سازی ابزارهای فلزی و توجه به کارهای صنعتی و کشاورزی،
- رسیدگی به شکایت‌ها و دادخواهی نزد بزرگان،
- و گردهمایی‌های خانوادگی همراه با تهیه و صرف خوراکی‌های ساده و پاکیزه،

نام برد.

شهریورگان، برخلاف بسیاری از جشن‌های طبیعت‌محور ایرانی، جشنی اجتماعی و اخلاقی به شمار می‌آید. در این روز، جامعه به یاد می‌آورد که قدرت بدون عدل و داد تباه می‌شود، این جشن، بازتاب نگاه ژرف ایرانیان به پیوند میان قدرت، اخلاق، کار و عدالت است؛ نگاهی که در سراسر تاریخ فرهنگی ایران تداوم یافته است.

Shahrivargān

Shahrivargān is another one of the Twelve Ancient Iranian Festivals. It was celebrated on Shahrivar day of the month of Shahrivar, which corresponds to the 4th of Shahrivar in today's solar calendar.

In the Avesta, the name of this Ameshāspand appears as Xšaθra Vairya, a word made of two parts:

- Xšaθra meaning "rule, power, and kingship,"
- Vairya meaning "worthy" or "desirable."

Together, Shahrivar means "the ideal and just rule."

In ancient Iranian belief, the Shahrivargān Festival reminded people of the values of justice, social order, and purity in action.

They saw Shahrivar as the guardian of rightful, constructive power. Because of this, they considered this day very blessed and spent it honoring justice, prosperity, and constructive forces in their world.

Important traditions of this festival included:

- Praying at fire temples and lighting fires as a symbol of "power guided by justice,"
- Cleaning metal tools and paying attention to crafts and farming work,
- Settling complaints and seeking justice before local elders,
- And gathering with family to share simple and clean foods.

Unlike many of the nature-based Iranian festivals, Shahrivargān was a social and moral celebration. It reminded people that power without justice becomes destructive. This festival reflects the deep Iranian understanding of the connection between power, morality, work, and fairness, a perspective that has continued throughout Iranian cultural history.

The Festival of Mehrgān

جشن مِهرِگان

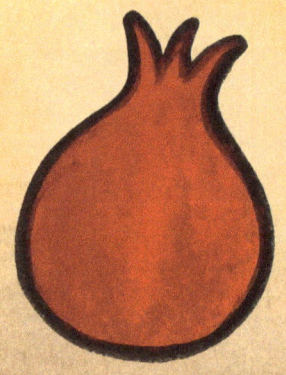

مهرگان

ریشه‌ی واژه‌ی مهر به واژه مشترک هندو ایرانی میترا برمی‌گردد. این واژه در اوستا به صورت ایزد میترا به کار رفته است.

مهر یا میترا در زبان پارسی به معنای نور و روشنایی، دوستی، پیوستگی، پیوند و محبت است، از طرفی پسوند "گان" به معنای جشن است. بنابراین مهرگان، جشن محبت و روشنایی است.

در حقیقت این جشن نمادی از مهر و دوستی است و فرصتی است برای شکرگزاری از نعمت‌های خداوند که در فصل پاییز هنگام برداشت محصول برگزار می‌شود.

زمان بر پایی جشن مهرگان در گاه‌شمار ایرانی دهم مهرماه (مهر روز از مهرماه) است، هم‌زمانی و تقارن جشن مهرگان با Thanks giving، جشن شکرگزاری در کانادا بسیاری را به این باور رسانده که الگوی جشن شکرگزاری از مهرگان آریایی گرفته است.

بر اساس شاهنامه‌ی فردوسی، جشن مهرگان روزی است که فریدون پس از شکست ضحاک، تاج شاهی را بر سر نهاد و بر تخت پادشاهی نشست.

فریدون چو شد بر جهان کامگار — ندانست جز خویشتن شهریار
به رسم کیان تاج و تخت مهی — بیاراست با تاج شاهنشهی
به روز خجسته سر مهرماه — به سر بر نهاد آن کیانی کلاه
زمانه بی‌اندوه گشت از بدی — گرفتند هر کس ره بخردی
دل از داوری‌ها بپرداختند — به‌آیین یکی جشن نوساختند
نشستند فرزانگان شادکام — گرفتند هر یک ز یاقوت جام
می روشن و چهره‌ی شاه نو — جهان نو ز داد و سر ماه نو
بفرمود تا آتش افروختند — همه عنبر و زعفران سوختند
پرستیدن مهرگان دین اوست — تن‌آسانی و خوردن آیین اوست

Mehrgān

The word Mehr comes from the ancient Indo-Iranian root miθra. In the Avesta, it appears as miθra, referring to the angel Mithra. In Persian, Mehr or Mitra carries meanings like light, brightness, love, friendship, connection, and kindness. The ending "-gān" means "festival," so Mehregān literally means "the festival of love and light."

This celebration is a symbol of kindness and friendship. It is also a time for giving thanks for the blessings of God, especially the harvest season in autumn, when people gathered the results of a year of work.

According to the Iranian calendar, Mehregān is celebrated on the 10th of Mehr (Mehr day of the month of Mehr). Because it falls close to Canadian Thanksgiving, many people believe that the idea of Thanksgiving may have originally been inspired by the ancient Aryan festival of Mehregān.

In Ferdowsi's Shāhnāmeh, Mehregān is described as the day when Fereydun defeated Zahhāk, put on the royal crown, and sat on the throne as king:

When Fereydun rose triumphant over the world,
he acknowledged no sovereign but himself.
In the manner of Kayan kings,
he adorned the mighty throne
with the royal crown of the Shahanshah
and on the blessed first day of Mehr,
set the Kayan crown upon his brow.
The age was cleansed of sorrow and of wrong;
each person turned toward the righteous path.
Freed from quarrels and judgments,
they shaped a new festival in pure devotion.
The wise and joyful gathered together,
each lifting a ruby-colored cup.
Bright wine, the radiant face of the new king,

اگر یادگار است از او ماه و مهر   بکوش و به رنج ایچ منمای چهر

مردمان در این روز تا حد امکان با البسه و زینت‌آلات ارغوانی در جشن حاضر می‌شدند و چند «نوشته شادباش» یا به قول امروزی‌ها، کارت تبریک برای هدیه به همراه داشتند. این شادباش‌ها را معمولاً با بویی خوش همراه می‌ساخته و در لفافه‌ای زیبا می‌پیچیدند. ایرانیان باستان در میان خوان یا سفره مهرگانی که از پارچه‌ای ارغوانی رنگ تشکیل شده بود، گل‌های زیبا، میوه‌های سرخ رنگ، آشامیدنی‌های گوارا، نان ویژه با آردهفت غله، آش مخصوص، شمع، شکر و شیرینی تهیه دیده و پس از پذیرایی و خوردن نان و نوشیدنی، به موسیقی و پایکوبی‌های گروهی می‌پرداختند.

در این میانه و در طول برگزاری مراسم، آتشدانی پر از آتش وجود داشت که در آن، مواد خوشبوکننده‌ای مانند زعفران و عنبر و اسپند می‌سوخت و فضا را معطر می‌ساخت.

and a world renewed by justice,
all shone beneath the new moon of Mehr.
He commanded that fires be kindled,
and amber and saffron burned their fragrant smoke.
Honoring Mehr at Mehregān is his sacred way;
rest and feasting are its cherished customs.
If both the month and the sun are his legacy,
then strive,
and let no hardship shadow your face.

People celebrated this day wearing purple clothes and purple ornaments, which were symbols of honor and festivity. They also brought cards or written greetings to give as gifts. These greetings were usually wrapped in beautiful cloths and scented with pleasant perfumes.

A Mehregān tablecloth, called the Mehregān sofreh, was made from purple fabric. On it, ancient Iranians placed flowers, red fruits, sweet drinks, a special bread made from seven grains, traditional soup, candles, sugar, and sweets. After eating the bread and drinks, they enjoyed music and group dancing.

Throughout the festival, a fire bowl burned brightly, filled with fragrant materials such as saffron, amber, and espand, sending sweet smoke into the air.

The Festival of Ābāngān

جشن آبانگان

جشن آبانگان

در اوستا «آبان» به عنوان فرزند آب‌ها معرفی شده است که آب‌ها را پخش می‌کند.

در برگردان فارسی آثارالباقیه‌ی ابوریحان بیرونی چنین آمده است:

«آبان روز دهم آبان ماه است و آن را عید می‌دانند که به جهت همراه بودن دو نام، آبانگان می‌گویند.»

این تقارن، در سنت ایرانیان باستان، فرصتی برای بزرگداشت ایزد یا عنصر مرتبط با آن روز و ماه بود. آبانگان به ایزد آناهیتا تعلق دارد..

ناهید یا آناهیتا در اسطوره‌های ایرانی، نگاهبان پاکی‌ها و از کارآمدترین نقش‌آفرینان نگهدارنده‌ی طبیعت بشمار می‌رود.

در شاهنامه‌ی فردوسی چنین آمده است که پس از سال‌ها جنگ و ویرانی، سپاه زَو طهماسپ و سپاه افراسیاب تورانی صلح کردند. در آن روز بزرگ پس از چندین سال خشکسالی پی در پی، باران شروع به باریدن گرفت و ایرانیان جشن برپا کردند و شاید دلیل آنکه آن را جشن آبانگان نامیدند همین بوده است:

بیامد به نزدیک ایران‌سپاه

به سر بر نهاده کیانی‌کلاه

نیامـد همی ز آسمـان هیچ نم

همی برکشیدند نان با درم

همان بُد که تنگی بُد اندرجهان

شده خشک خاک و گیا را دهان

ز هر دو سپه خاست فریاد و غَو

فرسـتاده آمد به نزدیـک زو

...بیـا تا ببخشـیم روی زمیـن

سرایـیم یک با دگـر آفریـن

...بر آن برنهـادند هر دو سخن

که در دل ندارند کیـن کهـن

ببخشند گیتی به رسـم و به داد

Ābangān

In the Avesta, "Ābān" is described as the child of the waters, the one who distributes the waters.

In the Persian translation of Al-Athar al-Baqiyah by Abū Rayḥān Bīrūnī, it says:

"Ābān is the tenth day of the month of Ābān, and... because the day and the month share the same name, it is considered a festival and called Ābāngān."

This alignment of day and month, in ancient Iranian tradition, was seen as a chance to honor the deity or natural element associated with them. Ābāngān belongs to the goddess Anahita.

In Iranian mythology, Anāhitā, also called Nāhid, is the protector of purity and one of the most powerful guardians of nature.

In Ferdowsi's Shāhnāmeh, it is written that after years of war and destruction, the armies of Zav Tahmāsp and Afrāsiāb finally made peace. On that very day, after years of terrible drought, rain began to fall. People celebrated with joy, and it is believed that this may be the reason the celebration was named Ābāngān.

He came to the ranks of the Iranian host,

the Kayan crown set firmly on his head.

No drop of rain had fallen from the heavens;

bread was scarce, and coins lost its power.

The world knew only hardship,

the earth was parched, and every root lay thirsty in the dust.

From both armies a cry rose up;

their envoy approached and stood before the king.

"Come, let us give the world back to peace," they said.

"Let us speak blessings to one another once again."

And both sides agreed:

no ancient hatred would remain within their hearts.

ز کار گذشته نیارند یاد
...پر از غُلغُل و رعد شد کوهسار
زمین شد پر از رنگ و بوی نگار
...به هر سو یکی جشن‌گه ساختند
دل از کین و نفرین بپرداختند

زرتشتیان در این روز به احترام مقام فرشته‌ی آب‌ها، به کنار جوی‌ها و قنات‌ها رفته و نیایش‌های ویژه‌ی آب و آبان را از اوستا می‌خوانند. اهورا مزدا را ستایش کرده و درخواست فراوانی آب و نگهداری آن را می‌کنند و پس از آن به شادی می‌پردازند. اگر در این روز باران ببارد، آبانگان به مردان تعلق گرفته و مردان در آب تن و جانشان را می‌شویند اما در صورت نباریدن باران، آبانگان متعلق به زنان است و زنان درون آب می‌روند.

معابد آناهیتا در شهرهایی چون کازرون، همدان، و شوش از مهم‌ترین مکان‌های نیایش در ایران باستان بودند.

باقیمانده‌ی معبد آناهیتا هنوز در شهر کنگاور استان کرمانشاه وجود دارد.

They would share the world with justice and fairness
and let the wounds of the past fall away.
Then thunder rolled across the mountains,
and the earth grew full of color, fragrance, and beauty.
Everywhere people prepared a place for celebration,
setting aside bitterness and casting away every curse.

On this day, Zoroastrians honor the goddess of water by going to streams, springs, canals, and rivers. They read special prayers from the Avesta to praise Ahura Mazda and ask for plenty of water and protection of this sacred element. After the prayers, people celebrate with happiness.

If it rains, the festival belongs to men, and men wash themselves in the water. If it does not rain, the festival belongs to women and women go into the water as a sign of blessing and purity.

Temples dedicated to Anahita in cities like Kazeroon, Hamedan, and Susa were among the most important places of worship in ancient Iran.

The remains of an Anahita temple still stand today in the city of Kangavar in Kermanshah Province.

The Festival of Āzargān

جشن آذرگان

آذرگان

آذرگان یکی از آیین‌های طبیعت‌پرستی در میان ایرانیان باستان بوده است و به پیش از ظهور زرتشت بازمی‌گردد. پس از روی کار آمدن زرتشت، اعتقادات مذهبی و باستانی مردم به هم پیوند خورد و جشن آذرگان به شکل زرتشتی آن تغییر و تکامل پیدا کرد.

آذر به معنی آتش، نماد راستی و پاکی اهورایی است. تنها ماده‌ای است که آلودگی به خود نمی‌گیرد و در حالیکه همواره روبه‌بالا می‌رود به جهان گرما و نور می‌دهد.

جشن آذرگان، روز نهم ماه آذر یعنی در «آذر روز» بر پا می‌شود؛ زیرا نام روز و ماه «آذر» در این هنگام بر هم منطبق می‌شود.

زرتشتیان در جشن آذرگان به زیارت آتشکده‌ها می‌رفتند، آتش روشن می‌کردند و در مورد امور مختلف به مشورت می‌پرداختند و آن روز را با شادی و شادمانی و خواندن نیایش‌ها و گستردن سفره‌های آیینی که با خوراکی‌های گوناگون در آتشکده‌ها آذین‌بندی شده بودند، جشن می‌گرفتند. به هنگام جشن، بر روی آتش چوب‌های خوش سوز و خوش‌بو می‌گذاشتند و آنگاه به مناسبت نزدیک شدن به فصل سرما، از آتش فروزان آتشکده‌ها هر کس اخگری به خانه می‌برد زیرا آن را نیک فرجام و فرخنده می‌دانستند.

ابوریحان بیرونی در کتاب آثارالباقیه درباره‌ی جشن آذرگان نوشته‌است: «و در این روز به افروختن آتش نیاز است و این روز جشن آتش است و به نام فرشته‌ای که به همه آتش‌ها موکل است نامیده شده. زرتشت امر کرده در این روز آتشکده‌ها را زیارت کنند و در کارهای جهان مشورت نمایند».

گل آذریون، گل ویژه‌ی ماه آذر، در متون کهن ایرانی گونه‌ای از آفتابگردان با نام علمی (Helianthus annuus) است که در اندازه‌های گوناگون و با رنگ‌های زرد یا سرخ یا ترکیبی از زرد و سرخ در طبیعت وجود دارد. مسعود سعد سلمان در قطعه‌هایی که برای نام ماه‌های ایرانی سروده، درباره‌ی «آذر ماه» می‌گوید:

ای ماه، رسید ماه آذر

برخیز و بده می چو آذر

آذر بفروز و خانه خوش کن

ز آذر صنما به ماه آذر

Āzargān

Āzargān is one of the ancient nature-worshipping festivals of old Iran, and its origins go back to the time before Zoroaster. After the rise of Zoroastrianism, the older religious and cultural beliefs blended with the new teachings, and the festival of Āzargān took its Zoroastrian form over time.

The word Āzar means fire. In Iranian tradition, fire symbolizes truth, purity, and divine light. It is the only element that cannot be polluted, and while it always rises upward, it gives warmth and brightness to the world.

The festival is held on the 9th of Āzar, when the name of the day (Āzar) matches the name of the month (Āzar).

During this celebration, Zoroastrians visited fire temples, lit sacred fires, and discussed various matters. They celebrated the day with joy, prayers, and ritual meals arranged on ceremonial spreads. At the time of the festival, they placed fragrant and long-burning woods upon the fire. Since the festival took place near the beginning of winter, people would take a glowing ember from the temple fire back to their homes, believing it brought good fortune and blessing for the cold season ahead.

Abu Rayhan Bīrūnī writes about Āzargān in his book Āthār al-Bāqiyah:

"On this day, lighting fires is required, for this is the festival of fire. It is named after the angel who watches over all fires. Zoroaster commanded that people visit fire temples on this day and consult about the affairs of the world."

The Āzariun flower, the symbolic flower of the month of Āzar, is mentioned in ancient Iranian texts. It is a variety of sunflower (Helianthus annuus) found in different sizes and in yellow, red, or a combination of both colors.

The poet Mas'ud Sa'd Salman wrote about the month of Āzar:

O moon, the month of Āzar has arrived,

او همچنین درباره‌ی «روز آذر» گفته‌است:

ای خرامنده سرو تابان ماه

روز آذر می چو آذر خواه

شادمان کن مرا به می که جهان

شادمان شد به فر دولت شاه

Rise and bring wine bright as fire.
Light the fire and warm the house,
O fiery beauty, in the month of Āzar.

And he also wrote about "Āzar Day":

O shining cypress, walking in light,
On Āzar Day bring wine like a flame.
Bring me joy with this bright drink,
For the world is joyful with the king's good fortune.

The Festival of Daygān

جشن دیگان

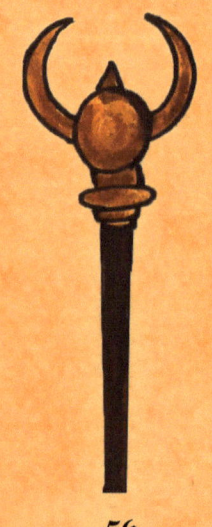

دیگان

واژه‌ی «دی» در اوستا به صورت دَثوش (Dathush) و دَذوَ (Dadhva) آمده است و در زبان فارسی معاصر به شکل «دی» شناخته می‌شود. ریشه‌ی این واژه از «دا» (Da) گرفته شده است و به معنای دادار و آفریدگار است. در نوشته‌های اوستایی اغلب به جای واژه آهورا مزدا به کار رفته‌است.

جشن دیگان در چهار روز از ماه دی به ترتیب: روزهای اول، هشتم، پانزدهم و بیست‌وسوم دی‌ماه گرامی داشته می‌شد.

- اورمزد روز: اولین جشن دیگان که در روز اول ماه دی برگزار می‌شد و به نام "خورشید" نیز شناخته می‌شود.

- دی به آذر: دومین جشن دیگان که در روز هشتم دی‌ماه برگزار می‌شد.

- دی به مهر: سومین جشن دیگان که در روز پانزدهم دی‌ماه برگزار می‌شد.

- دی به دین: چهارمین جشن دیگان در روز بیست‌وسوم دی‌ماه برگزار می‌شد و به معنای آفریدگار وجدان است.

زنان و مردان ایرانی در جشن‌های دیگان به نیایشگاه‌ها می‌رفتند و به ستایش اهورامزدا می‌پرداختند. آنان با شادی، پایکوبی و خوردن غذاهای متنوع جشن‌های دیگان خود را برگزار می‌کردند. در جشن «دی به آذر»، مردم غذاهایی مانند آش می‌خوردند تا در برابر سرمای زمستان در امان بمانند.

جشن دیگان نخست

ابوریحان بیرونی می‌گوید: «دی‌ماه را خورماه نیز گویند. نخستین روز آن خُرَّم روز است و این روز و این ماه هر دو به نام خدای تعالی که هرمزد است، نامیده شده است. عادت ایرانیان چنین بود که پادشاه از تخت شاهی پایین می‌آمد، جامه‌ی سپید می‌پوشید، در بیابان بر فرش‌های سپید می‌نشست و بدون هیچ تنگنایی و رو در رو با مردمان هم‌سخن می‌شد؛ با برزگران بر یک سفره خوراک مـی‌خورد و می‌گفت: امروز من یکی از شما هستم، زیرا پایداری دنیا به کارهایی است که به‌دست شما انجام می‌شود و پایداری عمارتِ آن هم به پادشاه است.»

جشن دیگان دوم

روز هشتم دی‌ماه، که با نام «دی» شناخته می‌شود، به دلیل هم‌نامی روز و ماه، به عنوان جشن گرامی داشته می‌شده است. آیین‌های مربوط به این جشن در گذر زمان فراموش شده‌اند.

Daygān

The word "Day" appears in the Avesta as Dathush and Dadhva. In modern Persian we known it simply as Day. The roots of this word comes from "Da," meaning Creator or Maker, and in many Avestan writings it is used in place of the name Ahura Mazda.

The Daygān festivals were celebrated four times during the month of Day, on the 1st, 8th, 15th, and 23rd of the month.

1. Ohrmazd Day:

    The first Daygān celebration, held on the first day of Day, also known as the Day of the Sun.

2. Day-be-Āzar:

    The second Daygān celebration, held on the eighth of Day.

3. Day-be-Mehr:

    The third Daygān celebration, held on the fifteenth of Day.

4. Day-be-Din:

    The fourth Daygān celebration, held on the twenty-third of Day, meaning the Creator of conscience.

On these days, Iranian men and women went to places of worship to praise Ahura Mazda. They celebrated with joy, dancing, and shared meals. During Day-be-Āzar, people ate warm dishes such as traditional āsh to protect themselves from the winter cold.

The First Daygān

Abu Rayhān Bīrūnī writes: "The month of Day is also called Khormāh (the month of the Sun). Its first day is Khorram-Ruz (Joyful Day). Both the day and the month carry the name of the Almighty, Hormozd. It was the custom of Iranians that on this day, the king stepped down from his throne, wore simple white clothing, sat on white carpets in the open plain, and spoke with the people without any barrier. He ate with the farmers from the

جشن دیگان سوم

روز پانزدهم هر ماه «دی‌به‌مهر» نام دارد. به مناسبت برخورد نام ماه و روز در دی‌ماه، این روز جشن گرفته می‌شده و به دیگان یا «دیبگان» یا «تبیکان» مشهور شده است. ابوریحان بیرونی می‌گوید: «در این روز از خمیر یا گِل، تندیسی به شکل انسان می‌سازند و در دالان خانه‌ها می‌گذارند و در زمان ما برای این‌که مانند کارهای مشرکان است، ترک شده است.»

جشن دیگان چهارم

روز بیست‌وسوم هر ماه «دی‌به‌دین» است. به مناسبت برخورد نام ماه و روز در دی‌ماه، این روز جشن گرفته می‌شده است و به جشن «دیگان» نامور بوده است. شوربختانه، آیین‌های این جشن تا روزگار ما نپاییده است.

دی به معنی آفریدگار است و از این رو در ایران باستان، این چهار روز، مردم دست از کار کشیده و به نیایشگاه‌ها رفته و به ستایش و نیایش پروردگار می‌پرداختند.

same dish and said: Today I am one of you, for the world stands by your labor, and the order of the realm stands by the king."

The Second Daygān

The fifteenth day of every month is called Day-be-Mehr. When this day fell in the month of Day, people celebrated it, and it became known as Daygān, Daybegān, or Tabikān. Bīrūnī writes: "On this day, people made small human-shaped figures out of dough or clay and placed them in the hallways of their homes. In later times this practice was abandoned because it was thought to resemble the customs of idol-worshipers."

The Fourth Daygān

The twenty-third day of each month is Day-be-Din. When this day arrived in the month of Day, it too was celebrated as a Daygān festival. Sadly, the rituals of this celebration have not survived to our time.

Since "Day" means Creator, ancient Iranians rested from work on these four days and devoted the time to prayer and honoring God.

The Festival of Bahmangān

جشن بَهمَنگان

بَهمَنگان

جشن بَهمَنگان (بهمنجه-بهمنجنه-بهمنجان) در گرامیداشت خرد و اندیشه‌ی نیک در بهمن‌روز از ماه بهمن (دوم بهمن در گاهشمار زرتشتی) برگزار می‌شود.

واژه «بهمن» ریشه در زبان اوستایی دارد و به شکل «وهومنه» (Vohumana) آمده است. این واژه ترکیبی از دو بخش «وهو» به معنای نیک، خوب و «منه» به معنای منش، اندیشه است. بنابراین، به معنای «اندیشه‌ی نیک» یا «منش» و یا «خرد سپندینه/ خرد مقدس» است.

ایرانیان باستان بر این باور بوده‌اند که بهمن در جهان مینوی، نماد منش نیک اهورامزدا است و زردشت به یاری فرشته‌ی «بهمن» به پیامبری رسیده است. بهمن، فرشته‌ی نگاهبان حیوانات بوده است و به همین دلیل جشن بهمنگان را باید جشن گیاهخواران نامید، چون در این روز ایرانیان باستان از کشتن حیوانات خودداری می‌کردند تا از بیماری‌هایی که با خوردن گوشت به وجود می‌آیند، جلوگیری کنند.

از سوی دیگر بر اساس نوشته‌های «ابوریحان بیرونی» است در کتاب «التفهیم»:

«به طوری که تحقیق شده است، بهمن نام گیاهی هم هست که اکنون در خوزستان و در اطراف دشت میشان می‌روید. زرتشتیان در روز جشن بهمنجه، این گیاه را با شیر مخلوط نموده، می‌خورده‌اند.»

بنابراین بهمن نام گیاهی نیز بوده است که به خصوص در جشن بهمنجه خورده می‌شده که به رنگ سفید یا سرخ و به شکل زردک بود. اسدی طوسی در سده‌ی پنجم، در کتاب لغت فرس درباره‌ی جشن بهمنگان، که آن را «بَهمَنجَنه» نامیده، می‌نویسد:

«جشنی است که دوم روز از بهمن ماه کنند و طعام‌ها سازند و بهمنِ سرخ و زرد[1] سر کاسه‌ها نهند و ماهی و تره و ماست آرند.»

ایرانیان در جشن بَهمَنگان از خوردن غذاهای حاوی گوشت پرهیز کرده و فرآورده‌های شیری را جایگزین آن می‌کردند. این سنت یکی از آیین‌های قدیمی ایرانی است که به آن روز نَبُر گفته می‌شود. پختن آش بهمنگان و خوردن آن از اصلی‌ترین رسوم بهمنگان است، در این روز همسایه‌ها هر کدام دانگ خود را برای پختن آش

1- بهمن (نام علمی Centaurea behen) گیاهی است علفی و از خانواده compositae که در نواحی کوهستانی می‌روید. ریشه‌ی دوگونه بهمن سرخ و سفید که خواص دارویی و درمانی دارد مورد استفاده ایرانیان باستان بوده است. ریشه بهمن سرخ، سرخ‌رنگ (ظاهرش سرخ‌تر از داخل آن است) بوده و ریشه بهمن سفید، خارج و داخلش سفید متمایل به زرد است. هر دو گونه بهمن خواص مشابه دارند با این تفاوت که بهمن سرخ خواص درمانی قوی‌تر و نیز گرم‌تر از دیگری دارد. طعم ریشه گیاه بهمن شیرین و شبیه به ریشه زردک است.

Bahmangān

The Bahmangān Festival (also called Bahmanjeh, Bahmanjena, or Bahmanjān) is held on Bahman Day of the month of Bahman, which is the 2nd of Bahman in the Zoroastrian calendar. This celebration honors good thoughts and pure wisdom.

The word Bahman comes from the Avestan word Vohu Manah.

It is made of two parts: vohu, which means good and kind, and manah, which means mind or thought. Together, they mean "good mind," "good thoughts," or "holy wisdom."

Together, it means "good mind," "good thoughts," or "holy wisdom."

Ancient Iranians believed that Bahman represented the Good Mind of Ahura Mazda in the spiritual world. It is said that Zoroaster received his mission of prophethood through the guidance of the angel Bahman. Bahman was also known as the protector of animals, and because of this, the Bahmangān Festival is sometimes called "the vegetarian festival." On this day, people avoided killing animals or eating meat, believing that doing so protect them from illnesses caused by eating meat.

On the other hand, according to Abu Rayhan Bīrūnī in his book Al-Tafhīm, the word Bahman also refers to a plant that grows in the region of Khuzestān and around the plains of Mīshān. Zoroastrians used to mix this plant with milk and eat it on the day of Bahmanjeh. This plant could be white or red, shaped somewhat like a parsnip.

The poet Asadī Tūsī, in Lughat-e Furs, writes that during Bahmangān (which he calls Bahmanjena), people prepared different foods, placed red and yellow bahman[1] roots on the dishes, and served

---

[1]. Bahman (scientific name: Centaurea behen) is a herbaceous plant from the Compositae (Asteraceae) family that grows in mountainous regions. The roots of two varieties of this plant, red bahman and white bahman, were used by ancient Iranians for their medicinal and healing properties. The root of red bahman has a reddish color (its outer layer is redder than the inside), while the root of white bahman is pale yellowish-white both inside and out. Both varieties share similar properties, with the difference that red bahman is considered stronger in its healing effects and warmer in nature. The taste of the bahman root is sweet and similar to that of carrot root.

بهمنگان به خانه‌ای که آش در آن پخته می‌شده می‌دادند و همه در پخت این آش سهم داشتند که به آن «آش هفت دانه» می‌گفتند.

فرخی سیستانی در وصف جشن بهمنگان چنین می‌سراید:

فرخش باد و خداوندش فرخنده کناد

عید فرخنده و بهمنجنه و بهمن ماه

سال‌های‌سال این روز جشن گرفته می‌شد تا این‌که حمله‌ی مغولان باعث نابودی برخی از فرهنگ‌های کشورهای مختلف از جمله ایران شد، اما نباید فراموش کرد فرهنگ ایرانی هرگز از بین نرفت چون افراد خردمندی همچون فردوسی سعی در زنده نگه داشتن آن داشتند.

meals like fish, herbs, and yogurt.

During this festival, ancient Iranians avoided eating meat and replaced it with dairy products. This is one of the old traditions known as "Rooz-e Nabor" (the day of not cutting/killing). One of the main customs was cooking Bahmangān Soup, also called "Āsh-e Haft Dāneh" (Seven-Grain Soup). Neighbors each brought a share of the ingredients (their dang) to the house where the soup was being cooked, so everyone took part in the preparation.

The poet Farrokhī Sīstānī describes Bahmangān with these words:

> May this blessed day be joyful,
>
> May its master be blessed,
>
> For it is the happy festival of Bahmanjeh,
>
> And the joyful month of Bahman.

For many centuries, Bahmangān was widely celebrated in Iran. But after the Mongol invasion, many cultural traditions across different lands, including Iran, were damaged or forgotten. Still, the spirit of Iranian culture never disappeared, because great thinkers and poets like Ferdowsi kept these ancient traditions alive through their work.

The Festival of Esfandgān

جشن اسفندگان

اسفندگان

واژه فارسی «اسفند» (اسپند) در زبان فارسی امروز، از واژه پهلوی «سپندارمذ-Sepandarmaz» و اوستایی «سپِنتَه آرمَئی تی-SepentaArmaiti» بر گرفته شده است. روز پنجم هرماه و ماه دوازدهم هر سال «اسفند» یا «سپِندارمَذ» نام دارد. این واژه در زبان اوستایی از دو بخش «سپِنتَه» یا «سپند» به معنی پاک و مقدس و «آرَمَئیتی» به معنی فروتنی و بردباری تشکیل شده است و معنی این دو با هم، فروتنیِ پاک و مقدس است.

جشن اسفندگان ریشه در شاهنشاهی هخامنشیان دارد.

ابوریحان بیرونی در آثارالباقیه آورده‌است که ایرانیان باستان روز پنجم اسفند را روز بزرگداشت زن و زمین می‌دانستند.

به باور آنان «اسفندارمذ» ایزد موکل بر زمین و ایزد حامی و نگاهبان زنان شوهر دوست و پارسا و درست کار بوده است. به همین مناسبت روز اسفندگان یا روز سپندارمذ، عید زنان به شمار می‌رفت. زنان نه تنها از هدایا و دهش‌هایی برخوردار می‌شدند، بلکه به نوعی در این روز فرمانروایی می‌کردند و مردان باید که از آنان فرمان می‌بردند.

در این روز، زنان لباس‌های زیبای خود را بر تن می‌کردند و مردان هر یک در حد توان خود هدیه‌ای برای همسران خود آماده می‌کردند؛ سپس مردان، زنان و دختران خود را بر تخت شاهی نشانده و هدایایی به آنان پیشکش می‌کردند. در این روز مادران، زنان و دختران از انجام کارهای همیشگی در خانه معاف بودند و مردان و پسران به جای آنان، کارها را انجام می‌دادند. در واقع این روز، روز عشق همسران و پدران و برادران به زنان، مادران و خواهرانی است که همواره مراقب و دلسوز آنان بوده‌اند.

از دیگر آیین‌ها و رسوم جشن اسفندگان می‌توان به موارد زیر اشاره نمود:

- دستمال و دانه‌ریزی: در گذشته زنان دانه‌هایی مثل گندم، جو و نخود را روی بام یا زمین می‌ریختند تا برکت زمین و محصول سال آینده تضمین شود.

- آتش و دود کردن: برخی خانواده‌ها آتش روشن می‌کردند یا شاخه‌های خوشبو می‌سوزاندند تا بیماری‌ها و شومی‌ها دور شود.

نکته‌ی قابل توجه، هم زمانی جشن باستانی اسفندگان در میان قوم آریایی بیست

Esfandegān

Esfand (also known as Espand) in modern Persian comes from the Middle Persian Sepandārmaz and the Avestan Sepenta Armaiti. The 5th day of every month and the 12th month of the year were both called Esfand or Spandārmaz. The word is made of two parts: Spenta, which means pure or holy, and Armaiti, which means humility and patience. Together, they mean "sacred humility and holy patience."

Together, they mean "holy and pure devotion" or "sacred humility."

The Esfandegān Festival has its roots in the Achaemenid Empire.

According to Abū Rayhān Bīrūnī in Āthār al-Bāqiyah, ancient Iranians believed that the 5th day of Esfand was the day for honoring women and the earth.

In their beliefs, Spandārmaz was the goddess who protected the earth and was also the guardian of virtuous, faithful, and righteous women. Because of this, the day of Esfandegān was considered a celebration dedicated to women. Women not only received gifts, but also held a symbolic authority on this day, men were expected to follow their instructions, and women were seen as the "queens" of the household.

Women wore their finest clothes, and men prepared gifts based on their ability. They would seat their wives, mothers, and daughters on a symbolic throne and present their offerings. Women were freed from daily chores, while men and boys took over all responsibilities. Esfandegān was a day of love, gratitude, and appreciation for the women who cared for their families.

Other customs of Esfandegān:

- Seed scattering: Women spread wheat, barley, chickpeas, or other grains on rooftops or on the ground to bless the land and ensure a good harvest for the coming year.
- Fire and incense: Some families lit fires or burned fragrant

قرن پیش از تولد مسیح، که به‌عنوان روز عشق یا سپندارمذگان می‌شناسیم با جشن ولنتاین در جهان است که از نظر موضوع و آیین مشابه یکدیگر است.

<u>**قوانین حقوقی برای زنان در ایران باستان به شرح زیر بوده است:**</u>

- زنان می‌توانند نماینده‌ی قانونی شوهر خود بوده و در بیماری شوهر، کارها را به تنهایی اداره کنند.
- زنان می‌توانند سرپرست و نگهدار فرزندان خود باشند.
- زنان می‌توانند دارایی خود را به تنهایی اداره کنند.
- زنان می‌توانند از شوهر خود به دادستان شکایت کرده و سزای او را بخواهند.
- زنان می‌توانند وصی قرار گیرند و همگی دارایی‌های خود را نیز وصیت کنند.
- در دادگاه، گواهی زن پذیرفته است.

herbs to drive away illness and misfortune.

A remarkable point is the timing of the ancient Esfandegān Festival among the Aryan people celebrated almost two thousand years before the birth of Christ which was known as the Day of Love or Spandārmadhgān. Its themes and customs are surprisingly similar to Valentine's Day as it is celebrated around the world today.

Legal rights of women in ancient Iran included the ability to:
- Act as the legal representative of their husband and manage all affairs during his illness,
- Serve as the guardian and caretaker of their children,
- Manage their own property independently,
- Take legal action against their husbands in court,
- Serve as executors of wills and leave behind their own property,
- And give testimony in court, which was legally accepted.

These rights show how respected and valued women were in ancient Iranian society.

پژوهش و تحقیق:

پری‌ناز ژندی- سپهر صادقی، ونکوور، کانادا، نوامبر ۲۰۲۵.

منابع:

1. تاریخ اساطیری ایران – ژاله آموزگار و احمد تفضلی
2. نوروزنامه – خیام
3. آیین‌ها و جشن‌های کهن در ایران – مهرداد بهار
4. جشن‌های ایران باستان – آرتور کریستین‌سن
5. جشن‌ها و آیین‌های ایرانی – جلال ستاری
6. گاه‌شماری و جشن‌های ایران باستان – هاشم رضی
7. جشن‌ها و آیین‌های ایرانی از دیروز تا امروز - منصوره میرفتاح، عالمگیر تهرانی و مهران یوسفی
8. فرهنگ ایران باستان - دکتر ابراهیم پورداوود

Research and Study:

Parinaz Zhandy & Sepehr Sadeghi,
Vancouver, Canada, November 2025.

References:

1. *Mythical History of Iran* – Jaleh Amouzegar & Ahmad Tafazzoli
2. *Nowruz-Nameh* – Omar Khayyam
3. *Ancient Rituals and Festivals in Iran* – Mehrdād Bahar
4. *Festivals of Ancient Iran* – Arthur Christensen
5. *Iranian Festivals and Ceremonies* – Jalal Sattari
6. *Calendars and Festivals of Ancient Iran* -Hashem Razi
7. *Iranian Festivals* – Mansoureh Mir Fatah, Alamgir Tehrani & Mehran Yousefi
8. *Ancient Iranian Culture* – Dr. Ebrahim Pourdavoud

پری‌ناز ژندی

پری‌ناز ژندی، آموزگاری خلاق و پرتلاش در سپهر فرهنگ و زبان پارسی است؛ فرزانه‌ای اندیشمند که سال‌هاست در دوردست‌های مهاجرت، چراغ زبان مادری را با جان و دل روشن نگاه داشته و با گام‌هایی استوار، راه اعتلای فرهنگ ایران زمین را در دیار بیگانه هموار کرده است. پری‌ناز ژندی، شاعر، نویسنده و کنشگری اجتماعی نیز هست؛ انسانی متعهد که در مجامع بین‌المللی در جهت پاسداشت زبان پارسی و حمایت از زنان ایرانی نقش‌آفرینی کرده است. در مقام کارشناس زبان و ادبیات فارسی، رسالت خود را گسترش مرزهای زبان مادری در پهنه‌ی جهانی می‌داند.

از دیگر افتخارات پری‌ناز ژندی، تألیف نخستین کتاب دوزبانه‌ی آموزش الفبای فارسی برای کودکان با بهره‌گیری از زبان انگلیسی‌ست. این اثر پرفروش، به همت انتشارات «کیدزوکادو» و با همراهی ستاره ستایش منتشر شده و در آمازون با استقبال گسترده روبه‌رو شده است.

او نه تنها آموزگار زبان، که پیام‌آور عشق به فرهنگ، شعر، و هویت ایرانی‌ست. روشنایی‌بخشی که واژه‌ها را چراغ راه کرده است تا فرزندان دیروز و امروز، از هر کجای جهان، ردّی از ایران را در دل خویش به یادگار داشته باشند.

Parinaz Zhandy:

Parinaz Zhandy is a creative and dedicated educator in the sphere of Persian language and culture, an insightful and wise figure, who, for many years, has kept the flame of the mother tongue alight with heart and soul, paving the path of cultural elevation for Iran in foreign lands. She is the founder of the cultural-literary center "Be Sooye Ayandeh" in Vancouver, Canada. Her teaching method is a unique blend of literary knowledge and artistic vision, deeply rooted in the authentic Iranian cultural heritage. Parinaz Zhandy is also a poet, writer, and social activist, a committed human being who has advocated for the preservation of the Persian language and the rights of Iranian women in international forums. As a Persian language and literature expert, she sees her mission as expanding the frontiers of the mother tongue across the globe.

Among her proudest achievements is the authorship of the first bilingual Persian alphabet book for children using English as a supportive medium. This bestselling work, published by Kidsocado Publishing House in collaboration with Setareh Setayesh, has been warmly received on Amazon. She is not just a language teacher, but a messenger of love for culture, poetry, and Iranian identity, a beacon of light who has turned words into guiding lanterns, so that children of yesterday and today, from any corner of the world, may carry a trace of Iran in their hearts.

سپهر

سپهر نوجوانی ایرانی کانادایی ساکن ونکوور کانادا است. او در سال ۲۰۰۸ در ایران به دنیا آمد و در هفت‌سالگی به همراه خانواده‌اش به کانادا مهاجرت کرد. چهار ساله بود که با بازی مشهور زبان‌آموزی، «بَن بِن بُن»، به کمک مادرش وارد دنیای واژه‌ها شد. رفته‌رفته، با داستان‌هایی که شب‌ها قبل از خواب از پدر و مادرش می‌شنید، بذر زبان فارسی و فرهنگ ایرانی در ذهن مشتاق او کاشته شد و در سال‌های بعد از مهاجرت نیز با حضور مداوم در آموزشگاه «به سوی آینده» که تا به امروز ادامه یافته است به رشد و شکوفایی زبان مادری خود پرداخته است. در مدت تحصیل در آموزشگاه به‌سوی آینده همواره در جشن‌های فرهنگی حضور فعال داشت و مجری بسیاری از جشن‌های ایرانی بود. وی با اعتمادبه‌نفس بالا، مهارت و تسلط بر زبان فارسی، کودکان و نوجوانان را از گروه‌های سنی متفاوت با اشعار و ادبیات زیبای پارسی آشنا کرده است.

امروز، سپهر در آستانهٔ فارغ‌التحصیلی از دبیرستان، تلاش کرده پژوهشی عمیق در دل تاریخ ایران باستان داشته باشد. او در کتاب حاضر بخشی از دانسته‌هایش از فرهنگ ایران را به روی کاغذ آورده است، با این هدف که میان کانادا، کشوری که در آن بالیده، و ایران، که میراث تمدنش در او ریشه دارد، پلی بزند. سپهر باور دارد که هر دو زبان انگلیسی و فارسی بخشی از هویت او را ساخته است، پس نوشتن درباره‌ی فرهنگ سرزمین مادری به هر دو زبان فارسی و انگلیسی کاری است که از یک طرف به دیگر کودکان مهاجر ایرانی امکان ارتباط بیشتر با ریشه‌هایشان را می‌دهد و از طرف دیگر به غیرپارسی زبان‌های علاقه‌مند به فرهنگ ایران، بخشی از این گنجینه‌ی بزرگ را می‌شناساند. او امیدوار است با گردآوری این مجموعه، توانسته باشد در نزدیکی بیشتر فرهنگ‌ها و دوستی میان مردمی که با ریشه‌های متفاوت در کنار هم زندگی می‌کنند، سهمی داشته باشد.

Sepehr Sadeghi

Sepehr is an Iranian-Canadian teenager living in Vancouver, Canada. He was born in Iran in 2008 and immigrated to Canada with his family at the age of seven. At the age of four, with the help of his mother and through the popular early-literacy game Ban Ben Bon, he entered the world of words. Gradually, through the bedtime stories he heard from his parents, the seeds of the Persian language and Iranian culture were planted in his eager mind. After immigrating, his continued attendance at the "Be Sooye Ayandeh" Persian School which he still attends today, allowed him to further develop and strengthen his mother tongue. During his years at the school, he actively participated in cultural celebrations and served as the host of many Iranian events. With confidence, skill, and strong command of the Persian language, he helped introduce children and youth from various age groups to the beauty of Persian poetry and literature.

Today, as Sepehr approaches high school graduation, he has sought to explore the depths of ancient Iranian history. In this book, he has committed a portion of his knowledge of Iranian culture to paper, aiming to build a bridge between Canada, the country in which he has grown up, and Iran, whose civilizational heritage forms an essential part of his identity. Sepehr believes that both English and Persian have shaped who he is; therefore, writing about the culture of his homeland in both languages offers Iranian immigrant children an opportunity to connect more deeply with their roots, while also introducing non-Persian speakers interested in Iranian culture to a part of this rich heritage. He hopes that by compiling this work, he has contributed, even in a small way, to bringing cultures closer together and fostering friendship among people of diverse backgrounds living side by side.

هانیه تام

هانیه تام، فارغ‌التحصیل رشته نقاشی و تصویرگر کتاب «جشن‌های ایرانی»، هنرمندی با بیش از سه دهه تجربه بین‌المللی است. او فعالیت هنری خود را از سال ۱۳۷۳ آغاز کرد و در سال ۱۳۸۳ آموزشگاه هنرهای تجسمی «وندا» را بنیان گذاشت. حضور در بیش از چهل نمایشگاه گروهی و پانزده نمایشگاه انفرادی، از جمله اولین اکسپو تهران، موزه خلیج فارس کیش و نمایشگاه روز جهانی زن در پاریس، بخشی از کارنامه اوست. آثار او در رویدادهای معتبر ایتالیا، آلمان، کویت، عربستان، قطر و دبی نیز به نمایش درآمده و هجده سال حضور مستمر در گلوبال ویلیج دبی نشان‌دهنده پویایی حرفه‌ای اوست. هانیه تام عضو «انجمن نقاشان کانادا» است و در نخستین حضور خود در نمایشگاه‌های این انجمن، رتبه اول را کسب کرده است. مجوز رسمی تأسیس آموزشگاه وندا، کارت صلاحیت تدریس، عضویت مؤسسه توسعه هنرهای تجسمی، و گواهی فعالیت هنری به تأیید استاد سمیع‌آذر در کارنامه او دیده می‌شود. او همچنین بیش از بیست تقدیرنامه از نهادهای هنری داخلی و بین‌المللی دریافت کرده است.

مهارت او در خلق آثار رنگ‌روغن، نقش‌برجسته، تکسچر، پتینه، معرق کاشی و تدریس طیف گسترده‌ای از هنرهای تجسمی، همراه با توانایی منحصربه‌فردش در ترکیب مواد و ساخت نقوش برجسته، پیوندی خلاقانه میان نقاشی و حجم‌سازی پدید آورده است.

Hanieh Tam

Hanieh Tam is an Iranian-born painter and illustrator with over three decades of international artistic experience. She has participated in more than forty group exhibitions and fifteen solo shows across Iran, Europe, and the Middle East, including the Tehran Expo and Global Village Dubai. As the founder of Vanda School of Visual Arts, she is skilled in oil painting, relief work, texture, mosaic, and mixed-media techniques. Hanieh is a member of the Canadian Painters Association and has received numerous awards and professional recognitions for her artistic achievements.

Website: www.vandaview.com
Email: htvanda@gmail.com

این کتاب بهترین هدیه‌ای است که می‌توانید برای دوستان و عزیزانتان ارسال کنید. با اسکن کردن کیوآر کد زیر می‌توانید این کتاب را به‌سادگی و از هر نقطه‌ی دنیا سفارش دهید و برای هر کسی در هر کشوری ارسال کنید.

This book is the perfect gift to send to your friends and loved ones. By scanning the QR code below, you can order the book easily and have it delivered to anyone, anywhere in the world.

www.ingramcontent.com/pod-product-compliance
Lightning Source LLC
Chambersburg PA
CBHW041507220426
43661CB00017B/1275
9781778923128